LE

LOUVRE

ARCHITECTURE

3443

© Editions Assouline
14 rue de la Faisanderie Paris 75116   France
Tél : 47 55 66 21   Fax : 47 55 66 32

Dépôt légal 1er semestre 1995
Tous droits réservés
IBSN 2 908228 24 6

Photogravure Gravor (Suisse)
Imprimé par Artegraphica (Italie)

1ère édition

PHOTOS KEIICHI TAHARA

LE
LOUVRE
ARCHITECTURE

TEXTE GENEVIEVE BRESC BAUTIER

*Conservateur en chef au Musée du Louvre
département des sculptures*

EDITIONS ASSOULINE

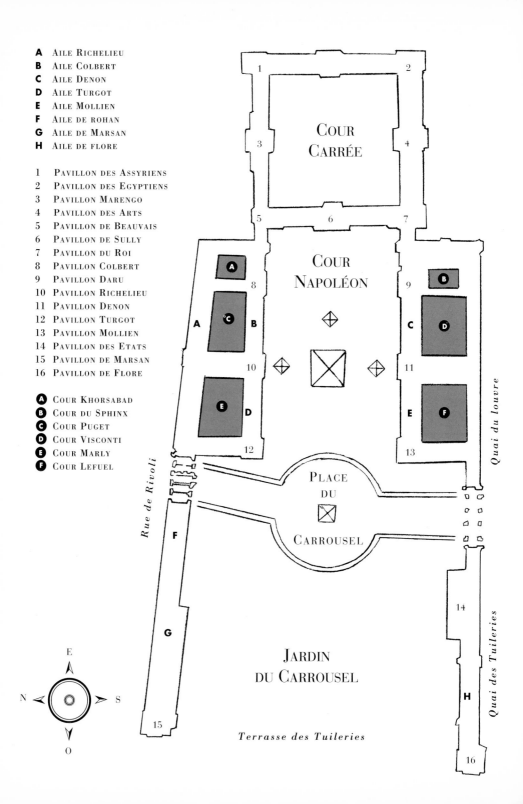

A AILE RICHELIEU
B AILE COLBERT
C AILE DENON
D AILE TURGOT
E AILE MOLLIEN
F AILE DE ROHAN
G AILE DE MARSAN
H AILE DE FLORE

1 PAVILLON DES ASSYRIENS
2 PAVILLON DES EGYPTIENS
3 PAVILLON MARENGO
4 PAVILLON DES ARTS
5 PAVILLON DE BEAUVAIS
6 PAVILLON DE SULLY
7 PAVILLON DU ROI
8 PAVILLON COLBERT
9 PAVILLON DARU
10 PAVILLON RICHELIEU
11 PAVILLON DENON
12 PAVILLON TURGOT
13 PAVILLON MOLLIEN
14 PAVILLON DES ETATS
15 PAVILLON DE MARSAN
16 PAVILLON DE FLORE

A COUR KHORSABAD
B COUR DU SPHINX
C COUR PUGET
D COUR VISCONTI
E COUR MARLY
F COUR LEFUEL

COUR CARRÉE

COUR NAPOLÉON

Rue de Rivoli

Quai du louvre

PLACE DU CARROUSEL

JARDIN DU CARROUSEL

Quai des Tuileries

Terrasse des Tuileries

E N S O

1e toponyme "Louvre" apparaît à la fin du XIIème siècle. Il désigne un espace extérieur à l'ouest de la ville de Paris, le Paris de Philippe Auguste qui commence à s'affirmer comme capitale du royaume de France.

Philippe Auguste, partant en 1190 pour la Croisade avec son beau-frère Richard Cœur de Lion, roi d'Angleterre, décide de protéger la ville de Paris, et le palais royal de la Cité, si vulnérable face aux éventuels envahisseurs venus de l'Ouest. Aux dires de son biographe Rigord, il exige de ses bourgeois de clore la ville d'une nouvelle muraille, l'enceinte dite de Philippe Auguste, séparant le noyau habité des faubourgs, dont celui du Louvre où se dressent déjà une église et des maisons.

A l'endroit où l'enceinte rencontre la Seine, s'érige une robuste forteresse, qualifiée de "Tour du Louvre", mentionnée pour la première fois en 1202. Elle est assez prestigieuse pour servir de référence à la construction d'un autre château royal, Dun-le-Roi.

C'est un robuste quadrilatère (72 m sur 78 m), entouré de fossés alimentés par la Seine, défendu de tours circulaires aux angles, aux portes d'entrée flanquées de deux tours semi-circulaires puissantes. Son originalité est constituée par l'aspect extrêmement ramassé du château, sans basse-cour, chapelle et autre bâtiment, sinon deux logis au Sud et à l'Ouest, et par la présence, au cœur du dispositif, de la "grosse tour", le donjon, légèrement décentré, parfaitement circulaire, lui-même ceint d'un fossé sec.

Les recherches archéologiques de Michel Fleury et Venceslas Kruta, en 1984-1985, ont permis de dégager les infrastructures de cette puissante forteresse, aux murs soigneusement appareillés par les tâcherons qui ont incisé leurs marques sur les blocs de pierre blonde. Désormais le circuit des fossés du Louvre médiéval est intégré dans le musée.

La "Tour du Louvre", comme la Tour de Londres, est donc un château de défense, sur la rivière, hors de la ville. C'est une forteresse de repli – on peut soutenir un siège grâce aux puits – et éventuellement une prison ou un coffre-fort : le comte Ferrand de Flandre, vaincu à Bouvines en 1214, l'expérimentera comme cachot. Déjà au Louvre, se tiennent quelques assemblées, et les logis occupent deux côtés du quadrilatère.

Il y a sans doute une grande salle, qui sera dénommée sous Charles V, salle Saint-Louis, nom actuellement attribué à la salle basse, dont les murs remontent aux constructions de Philippe Auguste ; elle sera revoûtée d'ogives au milieu du XIIIème siècle.

Découverte lors de travaux en 1882, elle évoque par ses colonnes à chapiteaux sculptés, l'austère grandeur du logis médiéval, tempérée par l'humour grimaçant des retombées d'arcs.

Le château de Charles V

La révolution parisienne d'Etienne Marcel se déroule dans un Paris considérablement élargi. Le faubourg du Louvre s'est peuplé. Pour défendre la ville, Etienne Marcel fait creuser des défenses de terre qui servent d'enceinte à l'ouest de ce quartier en expansion (1358).

Charles V reprenant en main le royaume achève cette entreprise par ce qu'il est convenu d'appeler l'enceinte de Charles V : une très large bande de défense de terre devançant un profond fossé alimenté par la Seine. Les fouilles de Paul Van Ossel, en 1990, ont permis d'étudier cet important dispositif, remanié au début du XVIème siècle. Ce dernier état de l'enceinte est actuellement visible dans l'espace du Carrousel. Le château du Louvre a donc perdu sa position clé dans la défense de la ville.

Il devient une des résidences de Charles V. Superbe et isolé face à la ville, blanc, hérissé de tours, de tourelles, c'est ainsi qu'apparaît le Louvre de Charles V dans les rares documents figurés.

Le roi de France fait exécuter par son maître d'œuvre, Raymond du Temple, des aménagements qui rendent la forteresse habitable. De nouveaux logis sont édifiés. Chambres et salles alternent pour loger le roi et la reine. De larges fenêtres sont ouvertes. On installe une chapelle. De la tour de la fauconnerie, on fait la tour de la librairie, afin d'y ranger une partie de l'importante bibliothèque royale. Les sols sont revêtus de carreaux de terre cuite armoriés.

L'escalier, construit en encorbellement sur le fossé du donjon, dessert l'étage noble. C'est le chef d'œuvre de Raymond du Temple (1364-1369), la "grande vis" rythmée par les statues du roi, de la reine et des frères du roi.

Le palais de la Renaissance

L a fin du Moyen Age ne fut pas faste pour le Louvre, abandonné au profit des châteaux de la vallée de la Loire. François 1er, le trouve sans doute trop sombre et fait raser la grosse tour en 1528. A l'extrême fin de son règne, en 1546, il se décide à commander à son architecte Pierre Lescot un changement radical du palais. Sur l'emplacement du logis de l'ouest, on édifie un nouveau corps de logis, en l'inscrivant de façon bien symbolique dans les limites étroites du bâtiment primitif.

Henri II mène à bien l'entreprise de son père, avec un minime changement de parti : l'escalier conçu au centre du logis est déplacé vers le nord, afin de ménager une immense salle. Lescot édifie "l'aile Henri II", pourvue d'un escalier à rampes droites, à la voûte somptueusement sculptée. Tout le rez-de-chaussée est occupé par la grande salle, avec d'un côté un "tribunal" où se tient le roi, et de l'autre une tribune des musiciens, soutenue par quatre grandes figures de cariatides en pierre. Ces sculptures ambitieuses, dues à Jean Goujon, architecte et sculpteur, illustrateur de Vitruve, théoricien de l'architecture antique, démontrent un goût à la fois très classique et très décoratif.

A l'extérieur, l'aile Henri II est conçue de façon à articuler l'espace, aussi bien horizontalement que verticalement. Trois étages, fortement soulignés, superposent un rez-de-chaussée à arcades en plein cintre, un étage à grandes fenêtres et un attique, décoré de grands frontons à figures ainsi que de trophées dus au ciseau de Goujon. Trois avant-corps, modulés de colonnes, présentent au-dessus des portes de grands œils-de-bœuf où s'accoudent de souples allégories, sculptées en un relief adouci par le même Jean Goujon. Ils surgissent en relief par rapport aux deux corps en retrait. Goujon, présent sur le chantier du

Louvre de 1548 à 1562, est donc le collaborateur privilégié, presque le coauteur avec Lescot de cette façade si modelée, où la sculpture occupe une place primordiale dans l'architecture française. L'iconologie des figures représentées souligne le rêve d'empire auquel aspire Henri II. Elle démontre aussi une conception très philosophique du pouvoir royal, garant de l'ordre divin : une monarchie médiatrice entre les sujets et le monde de la nature et de la connaissance.

A l'angle sud de l'aile Henri II, Lescot élève le pavillon du Roi, vers la rivière, puis continue à démolir le côté sud de la forteresse médiévale, pour le remplacer par une aile nouvelle, à l'élévation comparable à celle qu'il venait d'achever. A l'intérieur du pavillon du Roi, se trouvait la chambre royale, au plafond de bois très décoré, dû à Scibecq de Carpi. Il a été remonté sous la Restauration dans une pièce de la Colonnade.

Une antichambre, au plafond également sculpté, est toujours en place. Le peintre Georges Braque y a inséré, en 1954, sa grande composition des *Oiseaux*.

Dans ce superbe palais, se joua le sort des Valois. Ce fut le lieu de fêtes, des mariages, tel celui d'Henri de Navarre avec Marguerite de France –le futur Henri IV et la reine Margot– et des processions d'Henri III. S'y déroula aussi le lugubre massacre de la Saint-Barthélemy (1572), avant les troubles des guerres de religion, la fuite d'Henri III lors de la journée des barricades (1588) et les excès de la Ligue.

Le palais resta inachevé. Ou plutôt les palais. Car la reine mère Catherine de Médicis avait entrepris un nouveau château, appelé "les Tuileries", du nom des ateliers de tuiliers qui avaient occupé ce lieu. Ses architectes Philibert Delorme, puis Jean Bullant n'achevèrent pas leurs projets. Il en fut de même pour celui de Charles IX, entrepris en 1566, d'édifier une Petite Galerie, entre le Pavillon du Roi et la Seine, et de relier le Louvre et les Tuileries par une autre galerie.

Le grand
dessein d'Henri IV

 entrant dans Paris conquis en 1594, Henri IV veut faire du Louvre sa grande résidence, même s'il va longuement embellir Saint-Germain et Fontainebleau. Il projette de quadrupler la petite cour du Louvre et de relier le Louvre et les Tuileries par deux longues ailes, recoupées par tout un système de cours.

Ses architectes Louis Metezeau et Androuet du Cerceau n'auront pas le temps de réaliser cette ambition royale. L'assassinat du roi en 1610 stoppa net le chantier. Ils édifièrent successivement la "Petite Galerie" et la "Grande Galerie" le long de la Seine permettant de rejoindre un nouveau pavillon accolé à l'extrémité sud du château des Tuileries. Il sera dénommé sous Louis XIV "Pavillon de Flore".

Dans le Louvre, Henri IV avait inséré deux institutions riches d'avenir. Une salle tapissée de marbres de couleurs, abritait les plus beaux antiques des collections royales : on la dénomma "salle des antiques", et c'est d'une certaine manière, l'ancêtre des collections du Louvre. D'autre part, il installa en 1608 dans l'entresol de la grande galerie une succession d'ateliers pour y loger les artistes protégés par le roi : peintres, sculpteurs, mais aussi artisans d'art.

La régence de Marie de Médicis mettra fin aux travaux du Louvre. Louis XIII reprend tardivement les projets de son père. Poussé sans doute par Richelieu, il se décide à poser en 1628 la première pierre d'un nouveau pavillon à l'extrémité de l'aile Henri II qui ne sera terminé et décoré, sous la direction de l'architecte Jacques Le Mercier, qu'en 1639-1640. Ce pavillon et l'aile qui lui fait suite, reprennent l'ordonnance de la façade de Pierre Lescot. Cependant au sommet de l'élévation, une nouveauté monumentale est introduite par le sculpteur Jacques Sarazin, avec quatre groupes de cariatides doubles, souples figures féminines charnellement modelées. Louis XIII entreprend aussi de faire décorer la Grande Galerie, restée vide. Il fait venir de Rome Nicolas Poussin et le charge d'un projet ambitieux à l'imitation des grands palais romains. Mais le peintre repart pour Rome laissant abandonné le plafond où il comptait représenter les travaux d'Hercule.

Les transformations
de Louis XIV

nouvelle régence. Nouvel abandon du Louvre. En 1654 pourtant, la Cour revient au palais et sous l'impulsion de Mazarin, on reprend les travaux d'embellissement. Les appartements de la Reine-Mère, au rez-de-chaussée de l'aile sud et de la Petite Galerie, sont luxueusement aménagés. Il en subsiste le décor ambitieux de l'appartement d'été d'Anne d'Autriche, où se succèdent vestibule, antichambre et chambre, où les plafonds peints à fresque par le romain Romanelli sont entourés de stucs blanc et or dus à Michel Anguier (1656-1658). De l'appartement du Roi alors décoré, il reste le plafond de la chambre, un vaste ovale de bois doré que soutiennent des figures de captifs enchaînés.

Ainsi, Louis XIV reprend le "grand dessein" de son grand-père. L'architecte Le Vau, après avoir reconstruit l'étage de la Petite Galerie, incendiée en 1661, la complète d'une aile parallèle, dont la façade se voit encore dans la cour dite du Sphinx. Le peintre Le Brun imagine pour l'intérieur de la nouvelle Petite Galerie une décoration peinte et sculptée, sur le thème du Soleil, des Muses et de la course de l'astre dans l'Espace et le Temps.

C'est la Galerie d'Apollon, où s'élabore une esthétique qui va trouver tout son éclat à Versailles. Si les peintures de Le Brun ont beaucoup souffert, et ont été complétées au XVIIIème et au XIXème siècles, les stucs dus à François Girardon, aux frères Marsy et à Thomas Regnaudin, sont en revanche, d'une étonnante fraîcheur.

1

e Vau entreprend alors le quadruplement de la cour du Louvre, qui devient enfin la "Cour carrée". Or le roi et Colbert désirent pour le quatrième côté, qui donne vers la ville, une façade théâtrale, symbolique du pouvoir monarchique. Les architectes français et italiens proposent leurs solutions.

C'est le cavalier Bernin, alors au faîte de sa gloire, qui imagine le palais le plus grandiose. On le fait venir à Paris en 1665. Logé, promené, choyé, il se met à l'œuvre. Mais les Français voient d'un mauvais œil cette intrusion, cependant que Colbert examine le projet avec le zèle du scrupuleux fonctionnaire. Le Bernin repart pour Rome… et les Bâtiments du Roi enterrent l'affaire.

Une commission d'architectes, animée par un médecin touche à tout, Claude Perrault, se met en place. S'inspirant des projets antérieurs à la venue du Bernin, elle fait édifier la façade monumentale de la "Colonnade", où l'étage noble est mis en valeur par une suite de colonnes doubles encadrant un pavillon central à fronton.

Plus large que l'emprise des bâtiments formant la cour carrée, la Colonnade contraint l'architecte à doubler l'épaisseur de l'aile méridionale qui donne vers la Seine.

mais brutalement le chantier s'endort. Louis XIV, qui avait beaucoup vécu au Louvre, et y avait joui de spectacles variés (Molière vint jouer dans la salle des Cariatides ; la salle des Machines des Tuileries, construite par Vigarani, était le lieu des grands spectacles), abandonne Paris. Malgré son jardin des Tuileries que Le Nôtre lui a dessiné, il manque d'espace.

L'absence de chasse, les souvenirs de sa mère morte au Louvre, le poids du peuple parisien amenèrent Louis XIV à s'isoler dans sa Cour, à Versailles. Le Louvre reste inachevé. Le décor extérieur n'est qu'ébauché. Les toitures ne sont pas terminées.

Tout ce qui est habitable est utilisé par les administrations royales, les courtisans, et surtout par les académies et les artistes. Les plus beaux appartements servent aux séances des académies : Française, de Peinture et Sculpture, des Sciences, des Inscriptions et Belles-Lettres. Bibliothèques et collections s'y entassent.

L'académie de Peinture, qui y délivre son enseignement, organise l'exposition des travaux de ses membres dans une portion de la Grande Galerie et dans le Salon carré qui la précède.

C'est ainsi qu'au XVIIIème siècle, cette manifestation tenue tous les deux ans, dénommée "Salon", du nom de Salon Carré, devient le grand moment de la vie artistique parisienne.

Le XVIIIème siècle n'est pas propice à l'embellissement du Louvre, malgré les récriminations des hommes des Lumières qui fustigent l'état d'abandon du palais. Sous Louis XV, un timide effort aboutit au dégagement de la Cour Carrée, encore encombrée de maisons du quartier, et à la sculpture de l'un des frontons.

La grande affaire qui agite alors les esprits est le projet de "Muséum" au Louvre, pour y présenter les collections royales. Le directeur des Bâtiments sous Louis XVI, le comte d'Angiviller, pousse très avant l'entreprise.

Du Muséum national
au musée Napoléon

C'est la révolution qui organise enfin un musée au Louvre. Décidée en 1792, l'ouverture au public a lieu le 10 août 1793, jour anniversaire de la chute de la monarchie.

A la fois exposition de tableaux (avec quelques objets d'art et bustes) de la nation dans la Grande Galerie et "salon" des artistes vivants, le musée de l'été 1793 se transforme en novembre en institution permanente.

Le Muséum s'enrichit : collections royales, saisies de biens d'émigrés, séquestres de biens religieux. Les armées révolutionnaires qui déferlent sur l'Europe vont ajouter un étonnant butin artistique, raflé en Belgique, en Allemagne et surtout en Italie.

Par le traité de Tolentino (1797), arrivent au Louvre les chefs d'œuvre du Vatican : tableaux de Raphaël, mais aussi les antiques les plus célèbres, *Laocoon*, *Apollon du Belvédère*.

Le jeune général Bonaparte a eu sa part de décision dans cet enrichissement militaire. L'appartement d'Anne d'Autriche est alors transformé en musée des antiques (1799).

On y crée une enfilade en remplaçant des murs porteurs par des colonnes prélevées à la rotonde de Charlemagne d'Aix-la-Chapelle. Napoléon Bonaparte accepte de donner son nom au Muséum. Il va devenir empereur et protège avec jalousie "son" musée. Comme il réside au palais des Tuileries, il reprend l'ancien projet royal de réunir Louvre et Tuileries et le confie à ses architectes Pierre Fontaine et Charles Percier. Les maçons s'activent. On commence une aile nouvelle le long de la rue de Rivoli qui vient d'être percée : à l'ouest, il en subsiste l'élévation vers le jardin qui reproduit une partie de l'ancienne élévation de la Grande Galerie d'Henri IV ; à l'est, en revanche, a disparu au Second Empire la chapelle circulaire Saint-Napoléon. Le plus visible des grands travaux de Napoléon est constitué par le décor extérieur. L'arc de triomphe du Carrousel, élevé en l'honneur de la grande armée (1806) est le portail d'entrée de la cour des Tuileries, orné de grands marbres qui illustrent les campagnes napoléoniennes.

Au centre de la Colonnade et sur les frontons de la Cour Carrée sont sculptés de grands reliefs en l'honneur du souverain protecteur des arts. A l'intérieur, Percier et Fontaine élèvent les grands escaliers de part et d'autre de la Colonnade, ainsi que l'escalier du musée. Il en subsiste les salles appelées justement Percier et Fontaine, dont les colonnes de marbre se marient à un opulent décor sculpté.

Les musées
de la Restauration

avec la chute de l'Empire (1815), les alliés réclament le retour du butin conquis en Europe. Des chefs-d'œuvre doivent être rendus. On comble les vides par l'arrivée des œuvres venues d'autres résidences. Le département des antiques s'enrichit de vases grecs et de nouvelles acquisitions, dont la *Vénus de Milo*, offerte en 1821 à Louis XVIII. On ouvre surtout d'autres sections.

Une galerie de sculptures Renaissance et moderne, est ouverte au rez-de-chaussée de la Cour Carrée, dans une belle mise en scène de Fontaine qui sert aujourd'hui de cadre aux Antiquités orientales. Les objets d'art du Moyen Age sont réunis dans une salle d'objets précieux.

La création importante est celle d'un musée égyptien, sous la direction de Champollion, le déchiffreur des hiéroglyphes, qui acquiert plusieurs collections d'objets et de sculptures collectées en Egypte, en particulier par Salt et Drovetti. Pour ce musée devenu désormais royal, Charles X fait installer le "musée Charles X" au premier étage de l'aile sud de la Cour Carrée.

Autour de la salle des colonnes, rythmée de colonnes blanches cannelées, se déroule une suite de salles richement colorées. Sous de grands plafonds peints par les meilleurs artistes du temps, dont Ingres, un riche décor de stucs, de cheminées ornées de bronze, met en valeur les objets enserrés dans de hautes vitrines d'acajou.

Destiné à la fois aux collections romaines et égyptiennes, cet ensemble est actuellement réservé au département égyptien.

La céramique antique est présentée dans la galerie parallèle, au Sud, qui sera décorée tout aussi richement un peu plus tard. Les souverains n'en oublient pas pour autant la fonction palatiale du Louvre qui fait corps avec les Tuileries où ils résident. Ils poursuivent l'aile nord le long de la rue de Rivoli, font décorer les œils-de-bœuf restés inachevés de la Cour Carrée, et créent dans le Louvre deux grands ensembles monarchiques.

La salle des Séances royales qui sert à la réunion des Chambres, se trouve au-dessus de la Salle des Cariatides (actuellement salle des bronzes grecs). Dans le prolongement, une enfilade de salles, occupées désormais par le département des objets d'art, étaient dévolues au Conseil d'Etat. Ici encore les plafonds peints, dont les sujets exaltent la monarchie, apportent une chaude tonalité aux espaces.

Le "Nouveau Louvre" de Napoléon III

La Révolution de 1848 proclame par décret, le 24 mars 1848, que "le Louvre doit être achevé" et qu'il est le "palais du peuple". Noble ambition que soutient Victor Hugo, proclamant à l'Assemblée que le Louvre doit devenir la "Mecque de l'Intelligence". Des projets de réunion des palais du Louvre et des Tuileries sont élaborés. L'effort se concentre surtout sur des travaux de restauration indispensables à la grande et à la petite galerie. L'architecte Duban restaure la façade de la grande galerie, et surtout la galerie d'Apollon qui menaçait ruine. Il en réhabilite le décor et fait exécuter par Delacroix une éblouissante toile, le *Triomphe d'Apollon*, où le romantique compose avec la lumière dans le souvenir pourtant, de l'esprit du Grand Siècle.

Pour mettre en valeur de façon palatiale la collection de tableaux, Duban conçoit le décor de deux grands "Salons", cénacle des chefs d'œuvre : le Salon carré, réservé aux peintures de tous temps et de tous pays, considérées comme les plus belles ; et le Salon des Sept Cheminées, complémentaire, consacré aux artistes français modernes.

Au plafond des deux Salons, stucateurs et sculpteurs renouent avec la tradition de la galerie d'Apollon pour composer de grandes figures blanches qui se détachent sur les ors. Inaugurés par le Prince-Président en 1851, les deux Salons annonçaient un bouleversement bien plus intense du palais. Car Louis-Napoléon Bonaparte, bientôt devenu Napoléon III, a repris à son compte les projets de la République. Sa résidence officielle est au palais des Tuileries. Il veut faire du grand complexe Louvre-Tuileries une ville impériale. De 1852 à 1857 sous la direction des architectes Viscanti (mort en 1853) puis Lefuel, un immense chantier permet la jonction tant espérée du Louvre et des Tuileries le long de la rue de Rivoli. On démolit le quartier qui subsistait encore entre les deux palais. Un ensemble d'ailes et de cours cernées par une ronde de hauts pavillons portant les noms des grands serviteurs de l'Etat (Denon, Richelieu, Colbert, Turgot, Sully, Mollien) est construit autour d'un espace central, la cour Napoléon.

Tout en se souvenant des motifs du Louvre antérieur (œils-de-bœuf, cariatides, trophées aux attiques), l'architecte Lefuel tapisse les façades de sculptures luxuriantes. Les meilleurs artistes sont sollicités. Barye réalise le fronton du pavillon Sully et les grands groupes des pavillons Richelieu et Denon. Rude, Préault, Carpeaux, Guillaume, Duret, Simart sont entourés de plus de trois cents sculpteurs. Sur les terrasses, quatre-vingt-trois statues de grands hommes (tous Français, ni femme, ni militaire…) évoquent les Arts, la Littérature, l'Eglise et l'Etat. Les militaires sont cantonnés dans les niches le long de la rue de Rivoli. En 1861, l'architecte Lefuel entreprend une nouvelle campagne : la destruction d'une partie de l'ancien Louvre et son remplacement par des constructions nouvelles, au décor toujours surabondant. L'ancien pavillon de Flore et un bon tiers de la Grande galerie sont mis à bas. A leur place, un nouveau pavillon de Flore, une aile plus étoffée pour y installer les sessions des assemblées et les "Grands Guichets" s'ouvrent largement vers les quais. Ce n'était qu'une étape. Lefuel prévoyait de poursuivre son œuvre de régénération. Il en fut empêché par la guerre et la chute de l'Empire.

a l'intérieur de cette nouvelle cité impériale, le musée a gagné quelques espaces nouveaux. Certains sont même décorés avec luxe, telle la salle des Empereurs romains, vouée à la sculpture antique, mais qui rappelait aussi les empereurs modernes et victorieux, l'actuel Napoléon et son oncle. Une partie de la Grande galerie disparaît, la portion reconstruite est luxueusement ornée en 1869 de deux rotondes que tapissent des bacchanales voluptueuses, modelées en stuc par Carrier-Belleuse, le maître de Rodin. Lefuel va surtout se dépenser dans les espaces où se déroulent les fastes impériaux : les escaliers, les ministères, les salles officielles.

La salle des Etats, dont le décor a disparu, accueillait les séances exceptionnelles des Chambres sous la présidence de l'empereur, au cœur même du musée. Il en subsiste le vestibule, le "salon Denon", dont la voûte culmine au-dessus de larges draperies feintes. Le peintre Charles-Louis Müller y a représenté le mécénat des souverains français, sous la forme d'assemblées d'artistes et d'allégories des arts.

A l'étage inférieur de la salle des Etats, la grande salle du Manège servait aux démonstrations hippiques du Prince Impérial, en relation avec de nombreuses écuries et habitations de palefreniers, qui ont été reconverties en salle de musée.

Il faut faire une place à part dans ces mises en scène officielles aux appartements de prestige du ministre d'Etat. Grand personnage de la Cour, il servait de lien entre l'empereur et les chambres, tout en dirigeant les grands chantiers du règne. Son premier titulaire Achille Fould voulait faire de sa résidence la vitrine de sa puissance. Les ors brillent dans la succession des salons d'apparat : grand Salon, Salon-théâtre, petite salle à manger, grande salle à manger... poursuivant ainsi un des ensembles les plus significatifs de l'opulence décorative du Second Empire.

Le Louvre de Napoléon III est aussi un palais d'escaliers. Certes le grand escalier du musée – celui où se dresse aujourd'hui la Victoire de Samothrace – ne fut pas achevé alors, et sa structure seule, très ambitieuse, est due à Lefuel. Mais que d'escaliers divers décorés par l'architecte… L'escalier Mollien, qui donne accès aux salles de Peinture ; l'escalier aujourd'hui dénommé Lefuel, qui desservait la Bibliothèque Impériale, aux doubles révolutions savamment orchestrées ; l'escalier du ministre, vers les appartements, brillant de lustres et de colonnes ; enfin l'escalier de Flore, dont seule la partie supérieure fut ornée sous les ordres de Lefuel, après la chute de l'Empire.

La victoire du musée

La chute de l'Empire coïncida avec la fin du rôle politique du Louvre. En mai 1871, le palais des Tuileries était la proie des flammes allumées par quelques Communards à l'issue de la semaine sanglante. Il ne fut pas restauré bien que sa structure calcinée ait bien résisté, et par décision idéologique, fut démoli en 1882 afin d'anéantir le signe visible des monarchies. Le musée restait théoriquement maître de l'espace, avec cependant quelques administrations, qui occupent le pavillon de Flore et l'aile Rivoli, dévolue au ministère des Finances en 1872. Petit à petit, le musée qui voyait ses collections grandir, réussit à se faire attribuer le pavillon dit des Etats (1900), l'aile de Flore (1910), le pavillon de Flore (1964) et enfin l'aile Rivoli, abandonnée par le ministère des Finances (1989). Pour disposer au mieux les collections, le musée devait redéployer ses circuits dans une architecture belle et fonctionnelle. Ce fut d'abord la grande campagne des années 30. Commencée en 1926, interrompue par la guerre, elle réalisa un remaniement complet des départements des antiquités orientales, des sculptures, et d'une partie de l'Egypte : un style très moderne et très pur, mis en scène par l'architecte Ferran, à qui on doit l'escalier de la Samothrace. Puis les plans des années 1950-1980, ont parachevé ce déploiement. L'affectation de l'aile des Finances, dite "aile Richelieu", au Louvre en 1981, et le départ vers le nouveau musée d'Orsay (ouvert en 1986) des œuvres de la seconde moitié du XIXème siècle, allaient contraindre à une nouvelle transformation radicale, celle du "Grand Louvre" : ultime métamorphose qui doit mettre en place des circuits logiques pour tous les départements, dans le souci du public, tout en mettant en valeur les œuvres. Préparée par une programmation détaillée, cette lourde tâche a été celle de l'Etablissement public du grand Louvre, constructeur des espaces nouveaux.

Sous la direction de l'architecte sino-américain I. M. Pei, la première étape en a été la construction de la Pyramide : une structure arachnéenne d'acier et de verre qui recouvre un hall lumineux. En fait, plus cachés aux regards, ce fut aussi, sous la cour Napoléon, l'occasion de réaliser des locaux techniques, à côté d'un auditorium, de salles d'expositions temporaires, de salles présentant l'histoire du Louvre et des indispensables nécessités du public (librairie, restaurant…). La seconde étape a coïncidé avec le bicentenaire du musée (novembre 1993). Elle a vu l'ouverture au public de l'aile Richelieu, s'y trouvent les antiquités orientales, autour d'une reconstitution du palais assyrien de Sargon à Khordabad ; les antiquités islamiques, jusqu'alors réduites à la portion congrue ; les cours vitrées qui permettent de déployer à la lumière du jour la grande statuaire française ; les objets d'art somptueusement éclairés ; les peintures flamandes et hollandaises enfin réunies autour de la galerie du Luxembourg de Rubens ; les peintures françaises qui forment au second étage un circuit unifié depuis l'aile Richelieu, tout autour de la Cour Carrée. Le grand escalier de l'aile Richelieu, les verrières lumineuses des cours, l'espace commercial du Carrousel autour de sa pyramide inversée, forment désormais les dernières innovations architecturales d'un monument qui depuis huit siècles vit au rythme des grandes mutations artistiques.

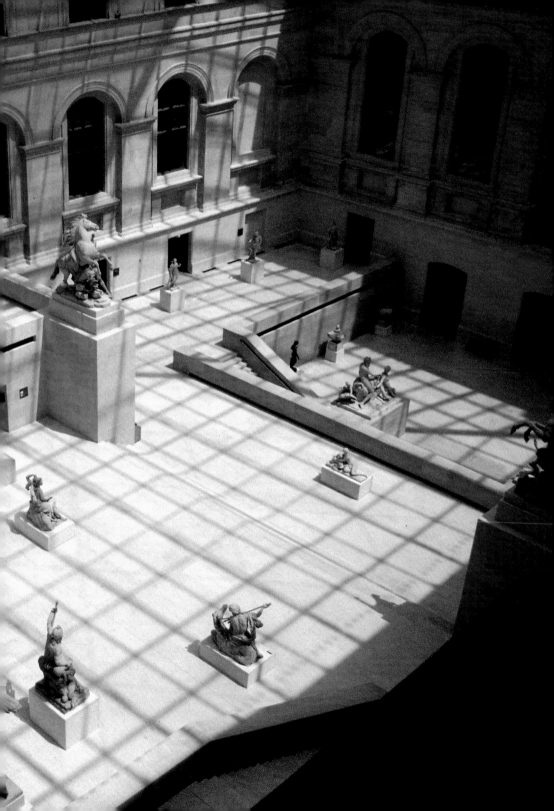

Le Louvre

Au premier plan, **la pyramide,** par Ieoh Min Pei (1988) où se réflète la façade du pavillon Richelieu, au décor sculpté exécuté sous la direction d'Hector-Martin Lefuel (1856-1857).
Les groupes d'Antoine-Louis Barye, La Paix et l'Ordre, de part et d'autre des armes impériales au centre, sont des copies (1988).

La toiture du pavillon de Marsan, exécuté sous la direction d'Hector-Martin Lefuel (1875).
Antoine-François Gérard, **La France victorieuse** (1809), statue de pierre sur un piédestal formant guérite encadrant l'arc de triomphe du Carrousel. Une des quatre statues analogues qui rythmaient autrefois la grille du palais des Tuileries.

La Colonnade, exécutée sous la direction de Claude Pérault et François d'Orbay (1667-1674). Une suite de doubles colonnes corinthiennes.

N, chiffre de Napoléon Ier et de Napoléon III, présent sur les ferronneries du palais en particulier à la porte d'entrée du Louvre vers l'est.

Napoléon Ier fait décorer par ses architectes le palais de Louis XIV.
Ici **la Victoire sur un quadrige** distribuant des couronnes, tympan sculpté par Pierre Cartellier (1808) dans l'arcade principale de l'aile de la Colonnade. La composition est inspirée d'un camée antique.

L'effet de transparence des losanges de verre de la pyramide fait ressortir le riche décor de Napoléon III. **Le Pavillon Denon vu à travers la pyramide.**
Le décor sculpté exécuté sous la direction d'Hector-Martin Lefuel (1856-1857) présente des Cariatides par Brian et Jacquot et, en haut, un fronton par Simart.

Le Louvre est un musée escalier. Depuis celui de Lescot au XVIème siècle, aux grandes réalisations de Lefuel, le dernier des architectes a suivi cette tradition. **L'escalier hélicoïdal** de la pyramide par Ieh Min Pei (1988). Au centre, l'ascenseur qui devient colonne en position haute.

Cour Marly. Verrière et aménagement par Ieoh Min Pei et Michel Macary (1993). La statuaire, provenant du parc de Marly aménagé sous Louis XIV (1695-1745), a été disposée dans une ambiance minérale de pierre blonde de Bourgogne, que rehaussent des ficus venus de Californie.

Cour Marly. Se détachant sur la verrière, un Cheval de Marly, exécuté par Guillaume Coustou pour l'abreuvoir du Château de Marly (1739-1745). Ce groupe a connu le dur climat de Paris, place de la Concorde, jusqu'à son entrée au musée en 1984.

La mise en scène des chefs d'œuvre a été une préoccupation constante du musée. Elle a fait la célébrité de **la Victoire de Samothrace,** vue dans l'escalier Daru. Gros œuvre par Hector-Martin Lefuel (1855-1857), remanié par Albert Ferran (1934).

L'escalier Lefuel, dans l'aile Richelieu, construit pour l'ancienne Bibliothèque impériale par Hector-Martin Lefuel (1855-1859), est significatif des recherches de l'architecture, qui troue profondément les murs de grandes arcades, et allie aussi légèreté et immortalité.

Grand salon des appartements Napoléon III, décoré sous la direction d'Hector-Martin Lefuel pour le ministère d'Etat (1859-1860). Peintures par Maréchal. Ce fut le siège du ministère des Finances de 1872 à 1989. Pour les pièces de réception les ors des stucs s'allient aux toiles vivement coloriées.

Grande salle à manger des appartements Napoléon III, décorée sous la direction d'Hector-Martin Lefuel pour le ministère d'Etat (1859-1860).

Petits appartements Napoléon III.

Le grand salon Denon. Exécuté sous la direction d'Hector-Martin Lefuel, par Charles-Louis Müller pour la peinture, et Alexandre Oliva pour la sculpture (1864-1866).

La salle des Colonnes, exécutée sous la direction de Pierre-François Fontaine (1820), dans l'aile sud de la cour carrée (ancien appartement de la reine).

La salle de consultation du département des arts graphiques, vue du haut de l'escalier des souverains au pavillon de Flore, reste inachevée.
Décor exécuté sous la direction d'Hector-Martin Lefuel, par A. Cabanel pour la peinture, et Eugène Guillaume pour la sculpture (1869-1872). Nouvelle présentation et restauration (1968).

La Rotonde d'Apollon. Au centre la Chute d'Icare par Merry-Joseph Blondel, dans les compartiments les Elements par Couder, et grisailles par Jean Baptiste Mauzaisse (1818-1821).

La grande galerie. Au premier plan, la rotonde, reconstruite par Lefuel, décorée d'une coupole par Albert-Ernest Carrier-Belleuse (1869-1870).

La galerie d'Apollon, reconstruite en 1662, est la première expérience du grand art décoratif Louis quatorzien. **Deux détails des stucs** réalisés par François Girardon pour la galerie d'Apollon, sous la direction de Charles Lebrun (1662-1664).

Merry-Joseph Blondel, L'Abondance, voussure du plafond d'une salle de l'aile occidentale de la cour carrée, décorée pour y installer le conseil d'Etat (1827).

Georges Braque, les Oiseaux, décor inséré en 1953 dans le plafond du vestibule Henri II. Essai de mariage entre l'ancien et le contemporain : l'encadrement de bois est du XVIème siècle.

Rotonde de Mars. Les stucs ont été réalisés sous la direction de Charles Errard sous Louis XIV, par les frères Marsy (1658). Les médaillons par Bernard Lange et Lorta figurant les arts ont été commandés en 1801, ainsi que le médaillon sous l'arcade, l'Union des trois arts par Antoine-Louis Chaudet. La fresque centrale de Jean-Baptiste Mauzaisse, Prométhée donnant le feu aux hommes, est une reprise (1826) d'une composition de Jean-Simon Berthélémy (1802).

La Salle du manège. Décor exécuté sous la direction d'Hector-Martin Lefuel, par Frémiet, Rouillard, Jacquemart, Demay et Houguenade (1861). Les chapiteaux à sujet animalier (tête de chevaux à droite, d'ours à gauche) évoque la chasse et l'équitation. La salle présente des statues antiques restaurées, en particulier des sculptures en marbre de couleur (présentation 1989).

Salle des Cariatides. Gros œuvre par Pierre Lescot. Au fond la tribune des musiciens, soutenue par des cariatides exécutées par Jean Goujon (1550).

Grand escalier sud de la Colonnade réalisé sous la direction de Charles Percier et Pierre Fontaine. Remarquez le tympan de droite figurant la Justice par Antoine-François Gérard.

Salle d'Auguste. Décor réalisé sous la direction d'Hector-Martin Lefuel pour la salle dite alors des empereurs. Voûte peinte par Matout, l'Assemblée des dieux. Stucs par Duchoiselle figurant des victoires d'empereurs antiques.

Appartement d'Anne d'Autriche (1654-1656), aménagé pour le musée des antiques, en y insérant des colonnes provenant d'Aix-la-Chapelle (1799).

Salle Saint-Louis, salle basse du Louvre médiéval, située sous l'aile occidentale. Les murs périmétraux remontent à la construction de Philippe Auguste. Les colonnes centrales et les départs d'arcs sont en réfection du milieu du XIIIème siècle.
Au fond, les murs et les voûtes basses appartiennent aux remaniements du XVIème siècle, lorsque Pierre Lescot a conçu un escalier dans la nouvelle aile Renaissance (1546). Nouvel aménagement de Richard Peduzzi (1989).

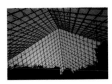

La Pyramide de Ieoh Min Pei (1988). De forme classique, le monument de verre reflète de jour les façades, et de nuit illumine la cour Napoléon.

Les façades de la cour Napoléon, exécutées sous la direction d'Hector-Martin Lefuel (1854-1857). Sur une structure classique, inspirée du décor antérieur du Louvre, l'architecte a plaqué une sculpture foisonnante.

Statues d'hommes illustres sur les terrasses de la cour Napoléon, à l'aile Turgot. Le programme exécuté sous la direction d'Hector-Martin Lefuel (1854-1857) prévoyait l'exaltation des hommes illustres de la France. De gauche à droite : Colbert par Gayrard, Mazarin par Herbert père, Georges Buffon par Oudiné, Froissard par Lemaire, Jean-Jacques Rousseau par Farochon.

Le Pavillon Est de la cour carrée, vue à travers le guichet du pavillon Sully. Le fronton du pavillon est de Guillaume Coustou, sous la direction d'Ange-Jacques Gabriel (1757). Sous Louis XV en effet fut terminée la partie haute de cette aile, au revers de la Colonnade.

L'étagement des plans illustre la diversité du Louvre : au premier plan, l'**Arc de Triomphe du Carrousel,** construit par Charles Percier et Pierre Fontaine (1806) ; derrière, la Pyramide Ieoh Min Pei (1988) ; et au fond le pavillon Sully, construit par Jacques Le Mercier sous Louis XIII, redécoré sous la direction d'Hector-Martin Lefuel (1856-1857).

L'éditeur
tient à remercier
Monsieur Michel Laclotte,
Président Honoraire
du Musée du Louvre
pour son aide à la
réalisation de ce livre.